Una poesia per Spinoza

I edizione 2010

Concorso di poesia, ispirato a B. Spinoza,
edito dal Foglio Spinoziano

Poeti partecipanti:

Nicola Alessandrini
Gianluca Battistel
Lucia Bertei
Giovanni Croce (fuori concorso)
Pasquale Lubinu
Michele Montemurro

Introdotti da:

Antonio Audino (RadioTre)

Foglio Spinoziano
© Tutti i diritti riservati
Maggio 2010
fogliospinoziano@gmail.com
www.fogliospinoziano.it
http://fogliospinoziano.com

Prefazione

Mi sembra che una raccolta di poesie spinoziane possa essere uno spunto particolarmente interessante nel panorama poetico contemporaneo poiché i temi di cui tratta il pensiero del Filosofo sono universali e, quasi, senza tempo, quindi facilmente adattabili a quella forma di riflessione che è insita da sempre nella poesia. La Sostanza, Dio, la finitezza dell'Uomo e la sua possibilità di essere libero in un mondo dominato da un determinismo inflessibile hanno costituito in ogni epoca una forma di ispirazione potente per molti poeti, prima e dopo Spinoza e indipendentemente dalla conoscenza diretta dei testi del filosofo olandese. C'è poi chi ha fatto riferimento esplicito a Spinoza dedicandogli delle poesie, come Borges[1] o Einstein, i quali ammiravano davvero la sua figura (Einstein visitò addirittura la casa dove visse il pensatore)[2]. Ma d'altro canto non sarebbe difficile pensare, leggendo l'*Etica*, che

---

[1] Il testo di Borges è il seguente (in spagnolo):
Bruma de oro, el Occidente alumbra
La ventana. El asiduo manuscrito
Aguarda, ya cargado de infinido.
Alguien construye a Dios en la penumbra.
Un hombre hengendra a Dios. Es un judío
De tristes ojos y de piel cetrina;
Lo lleva el tiempo como lleva el río
Una hoja en el agua que declina.
No importa. El hechicero insiste y labra
A Dios con geometría delicada;
Desde su enfermedad, desde su nada,
Sigue erigiendo a Dios con la palabra.
El más pródigo amor le fue otorgado,
El amor que no espera ser amado.

[2] Della poesia di Eistein (*To Spinoza's Ethic*) ne forniamo una versione in inglese anziché in tedesco:

How I love that noble man
More than I can say with words.
Though I'm afraid he'll have to stay all alone
Him with his shining halo.
Thus a poor little dwarf
Whom you do not lead to Freedom.
Your 'love of god' leaves him cold
Life drags him around by force.
The high altitude brings him nothing but frostbite
Reason is stale bread to him.
Wealth & Women and Fame & Family
That's what fills him up between dawn and dusk.
You must be good enough to forgive me
For I can't help thinking of Munchhausen just now,
The only one ever to pull off the trick
Of hoisting himself out of the cesspool by his own hair.
You think his [Spinoza's] example shows us
What human teaching has to give.
[My dear son, what's gotten into you?
You have to be born a Nightingale!]
Don't trust the comforting mirage:
You have to be born to the heights.

(trans. Ben Thom)

anche Spinoza fosse attratto dalla poesia proprio perché usava alle volte apporre ad un brano un verso poetico. Egli leggeva i poeti greci e latini, conosceva il greco, si era interessato di arti e di teatro. Spinoza era un filosofo che prediligeva le arti anche come elemento essenziale di quel vivere bene che ogni uomo insegue nel corso della sua vita, in una società che dovrebbe tenere in gran conto l'espressione del pensiero umano, quel pensiero attivo che ciascuno possiede, ma che spesso non trova spazi adeguati nella nostra vita pubblica e privata. Ecco quindi che l'originalità di un concorso di poesie che ha come oggetto il Filosofo olandese è di sicuro valore e, dai componimenti pervenuti, risalta immediatamente quanto interesse i poeti concorrenti abbiano messo nel cercare un punto di connessione tra il pensiero di Spinoza e le possibilità dell'espressione poetica. Ciascuna di queste composizioni, infatti, si presenta come un piccolo scrigno nel quale il lettore possa trovare un senso nel discorso spinoziano, e nello stesso tempo una scheggia, una scintilla di quel vasto universo di pensiero. E così è anche per il poeta che ha l'occasione per trovare dentro di sé l'immagine chiave, la suggestione più profonda, il segno più evidente che lo lega all'opera del Filosofo. Chissà se Spinoza ha mai avuto la tentazione di scrivere poesie. Del resto anche Tommaso Campanella ha scritto un volume di poesie "filosofiche" utilizzando la metrica vigente al suo tempo. Sembra dunque legittimo chiederci se anche Spinoza si sarebbe cimentato nel componimento poetico, ma siamo coscienti di sollevare una questione oziosa, giacché ci ha lasciato un'eredità ancor più grande, di pensiero e di riflessione, raccolta ed esposta in maniera mirabile dai poeti che hanno raccolto il nostro invito.

Ci resta l'illusione, non del tutto priva di fondamento, che Spinoza avrebbe amato questi versi.

Antonio Audino

Vincitore del concorso è la poeta

Lucia Bertei

"per aver espresso il dramma di una perdita attraverso l'emozione riferita a Spinoza"

Gli Autori sono in ordine alfabetico.

Nicola Alessandrini

Panteismo

L'onda che s'infrange sulla riva
affonda le unghie nella sabbia.
Nel ritiro vede la morte
ignara della vita che l'attende
oltre l'ineluttabile resa.
Il sale affluisce nel sale
come l'evento torna all'Uno.
La spuma accumula densi ricami sulla riva
intenta a celare i famelici graffi dell'essere.

Gianluca Battistel

Inno a Prometeo

Uomo tra
gli uomini,
inviso
agli immortali,
divelte
le radici,
schiavo
della rupe…
Coltivammo
spettri
nel cuore
della terra:
coltivammo
demoni,
e nacquero
gli dei.

Lucia Bertei

Mia grande stella nera
su un tappeto di nuvole il tuo passo leggero mi ha raggiunto.
Ti seguirò nel sentiero della Ragione,
ove cade l'apparenza e tace.

Il paesaggio si trasforma,
sono giunta fin qui ad abbracciare l'Eternità e respirare
le leggi della Natura.

Vedo in tutti gli uomini lo sguardo di mio padre
quando ha salutato la vita.
La stessa speranza, lo stesso timore.

Umanità perduta in tristezza e desiderio,
svela il tuo volto all'universo.
Liberati dal pregiudizio.
Sfamati nella mensa della conoscenza.
Coricati nel giaciglio dell'amore.

Raggio di sole illumina le cause degli eventi.
Mostra la sottile trama della Necessità.
Ragione riusciremo ad incarnarti leggera.

Nell'attimo che ci renderà eterni,
intuiremo l'essenza del mondo e riconosceremo te…
Sostanza Divina.

Giovanni Croce (fuori concorso)

"Bedeès, 1994"

Emily Brönte
il tuo nome strano

«Io son la sola creatura del mondo»
Appari così lontano da quel detto...
Il ciel t'attende ma non
il ciel de' luminari.

***

A BdS

E ti gridavano: – Lascialo, Lìberatene!
Ma tu nell'animo sempre più candido
costruivi nei numeri
l'amor che attorno ruotasi.

Molavi prodigo senz'alcun prestito,
di donne vergine, la mente fùlgida.
Se il silenzio è spiacevole
il tuo creava armoniche.

XXX

1.

La finestra spalancata sul porto
Schiude allo sguardo i confini del mare
Immensa distesa di luce viva
Dal colore dei tuoi occhi da amare
Che m'incanta ad ammirarla assorto
Nel pensare che ogni città o riva
Sfiorata dall'ondeggiare incessante
Sia come te, un amante distante!
A lungo rimasi confuso, fermo
Fra quel paesaggio e uno strano pensiero
Che si diramava in un sentiero
Di parole senza significato
Ed una finestra nella finestra
Apriva luminescente lo schermo
Sull'inquieto cursore prigioniero.

2.

Ma un'idea d'infinita potenza
Scintillò nella mente, luminosa
D'immensa bellezza intellettuale
Ed aveva spine acute di rosa
Che taglienti svelavano l'essenza
Del più insidioso fiore del male:
Credere l'immaginare sapienza!
Identici Essere ed Esistenza
Intuì invece la chiara Ragione
Poiché nulla cadrà mai nell'irrealtà
Da quel cuore d'eterna necessità
Che pure una foglia rende divina
Infinitesimo universale
Dentro i colori di questa stagione
Tempo nel tempo ma non Eternità!

3.

Solo una filosofia della Vita
Può estirpare l'angoscia maligna
Lo stolto meditare sulla morte
Dal seme velenoso di gramigna

Perché infinitamente infinita
La Vita rende l'animo più forte
Gridando gioiosa con voce pura
L'unione della mente e la Natura
In un petalo mistico d'amore
Che chiude in sé ogni unica cosa
E tutte, nell'idea meravigliosa
Che Dio, identico alla Natura,
É l'inesauribilmente vivente
Al modo che vide quel pensatore
Ritratto come Baruch d'Espinosa.

4.

È un'antica verità misteriosa
La fonte d'una letizia serena
Che argina possente la tristezza
Quando le passioni come una piena
Rendono la Mente piccola cosa
Nel fiume d'incomprensibile ebbrezza
Che guida il desiderio verso un bene
Mascherando libertà e catene
Nell'illusione d'un falso assoluto.
L'amore d'onori, beni e piaceri
Fa servo chi li crede beni veri
Ferrea legge della nostra natura
Che agisce in libera saggezza
O patisce senz'averlo voluto
Non comprendendo i propri pensieri.

5.

Oltre la vita non c'è un paradiso
E neppure un terribile inferno
Mia Dea, in diversi modi, ogni giorno
Rasentiamo il nulla e l'eterno
La violenza cieca ed il sorriso
La salvezza ed il non ritorno
Ammirando le opere dell'ingegno
Inorridendo ovunque per il segno
Della pazzia del sangue versato.
Ma non sognare un altrove di pace!
Non gridare contro un dio che tace!
Non disperare d'essere felice!
Ascolta lo stupore che hai dentro
Ama chi per primo ti ha odiato
Divieni libera come a te piace!

6.

Tutto infine giunge ad un mistero
Oltre le riflessioni dolci e amare
Oltre il balenio delle onde nel mare
Una contraddizione esistenziale
Ci lega insieme in questo sogno vero
O forse in un'inutile passione…
Solo te nella Vita voglio amare!

Michele Montemurro

Benedetto sia 'l nome tuo ne' secoli
Giacché mondi Natura d'ogni fine
E la sostanza del pensier affine
A quanto v'è d'esteso in Dio specoli

Tu, che il libero pensier, da profeta
Stimi nobile sì da necessarlo,
e l'intelletto capace d'amarlo,
trovi nel Divin Tutto grata meta

Esule in patria e in cor la verità
Disveli, a l'alta Natura animosa
D'agir da sé e su sé dai facoltà

A quanti furon dopo la graziosa
Tua novella: filosofar sarà
Ragionar come Bento De Espinosa

Gli Autori

Nicola Alessandrini (alessandrini.nicola@gmail.com) ha conseguito la Laurea in Filosofia presso l'Università di Ferrara. Ha pubblicato la sua tesi con il titolo *Max Adler precursore di Ernst Bloch*. Attualmente è iscritto al primo anno di Dottorato in Filosofia Contemporanea presso l'Università di Ferrara. Il suo interesse per Spinoza nasce dal fascino delle filosofie sistematiche che tentano, coraggiosamente, di offrire un senso totalizzante alla vita. Ha composto la presente poesia nel 2006. "Nessuna immagine mi sembrava tanto adatta a rappresentare il pensiero spinoziano quanto quella del mare con la sua estensione, i suoi moti eterni e le sue manifestazioni finite (le onde). L'esperienza di un sistema infinito che, incessantemente, si *finitizza* davanti ai nostri occhi".

Gianluca Battistel (gianluca_battistel@hotmail.com) è nato nel 1971 a Bolzano. Laureato in Filosofia presso l'Università Statale di Milano nel 1998, professore di storia e filosofia al liceo scientifico in lingua tedesca di Silandro (Bolzano) nell'anno scolastico 1999/2000; seminario su Ludwig Feuerbach all'Università Bicocca di Milano nel 2000; dottorato di ricerca in Filosofia all'Università Leopold Franzens di Innsbruck nel 2002; assistente universitario dal 2003 al 2005 all'Istituto di Filosofia dell'Università di Innsbruck; attualmente ispettore per il settore culturale presso l'Intendenza della scuola tedesca in Alto Adige.

Pubblicazioni
* "Il libero arbitrio in Ludwig Feuerbach", in *Quaderni materialisti*, Edizioni Ghibli, Milano, 2002.
* *Orme*, Edizioni Nuovi poeti, Vaprio d'Adda (Milano), 2005.
* "Naturphilosophie und Willensfreiheit: Problemaspekte in Feuerbachs Materialismus", in *Freie Akademie*, vol. 25, Berlino, 2005.
* *Abissi*, Edizioni Montedit, Melegnano (Milano), 2007.
* *L'abisso dell'unica sostanza. L'immagine di Spinoza nella prima metà dell'Ottocento tedesco*, a cura di Gianluca Battistel, Filippo Del Lucchese e Vittorio Morfino, Collana Spinozana, Quodlibet, Macerata, 2009.
* *Il volo dei gufi*, Edizioni Montedit, Melegnano (Milano), 2009.

Premi letterari
* 3° premio al concorso nazionale di poesia *Artisti in scena* 2005 (Vaprio D'Adda, Milano)
* Premio speciale della giuria al concorso nazionale di poesia *Per non dimenticare* 2005 (Salerno)
* 4° premio al concorso nazionale di poesia *Città di Rufina, premio di poesia Gian Carlo Montagni* 2006 (Rufina, Firenze)
* Finalista al concorso internazionale di poesia *Jacques Prévert* 2006 (Melegnano, Milano)
* 2° premio al concorso internazionale di poesia *Senza confini - poesie dal mondo* 2006 (Formia, Latina)
* Benemerito culturale d'onore al concorso internazionale di poesia *Tra le parole e l'infinito* 2006 (Caivano, Napoli)

- Benemerito speciale al concorso internazionale di poesia *Tra le parole e l'infinito* 2007 (Caivano, Napoli)
- Menzione d'onore al concorso internazionale di poesia *L'arcobaleno della vita* 2007 (Lendinara, Rovigo)
- Finalista al concorso internazionale di poesia *Jacques Prévert* 2008 (Melegnano, Milano)
- Finalista al concorso nazionale di poesia *Mario Dell'Arco* 2009 (Roma)

Lucia Bertei (luciabertei@hotmail.it), nata a Livorno nel 1966 e risiede in Bologna è laureata in Scienze dell'Educazione presso la facoltà di Scienze della Formazione di Bologna; svolge la professione di Infermiera presso l'Ospedale Sant'Orsola di Bologna. In particolare dedica questa poesia a B. Spinoza che "paradossalmente mi ha allontanato dall'ateismo e dalla fatalità delle cose".

Giovanni Croce (giovanni.croce@gmail.com), nato a Roma nel 1964. Ha pubblicato il romanzo "Il cromosoma grigio" nel 1999 e numerose raccolte di poesia. Dal 2000 è curatore del Foglio Spinoziano.

Pasquale Lubinu (pasqlubinu@tiscali.it), nato a Sassari nel 1974, residente dalla nascita ad Ossi (Sassari). Laureato in Filosofia presso l'Università degli studi di Sassari nel 1999 con la tesi *"Fondamenti metafisici del panteismo di B. Spinoza"*, si è specializzato per l'insegnamento col massimo dei voti alla S.s.i.s.s. dell'Università degli studi di Cagliari nel 2002 anno dal quale è insegnante di Storia e Filosofia nei Licei. Fra i suoi interessi anche il pensiero di Antonio Gramsci. Giornalista pubblicista dal 1999, astrofilo, poeta e centauro.

Pubblicazioni
- *"L'univocità dell'essere in Duns Scoto e Spinoza"*, pubblicato on-line sul sito del Foglio Spinoziano (www.fogliospinoziano.it) al seguente indirizzo: (www.fogliospinoziano.it/ScotoSpinoza%20e%20l'univocit%E0.pdf)

Questo componimento presentato nella raccolta è senza titolo e contrassegnato come XXX di una propria raccolta inedita di poesie. Schema metrico: endecasillabi, ABCBAC-DD-EFFGHEF, canzone petrarchesca, in 6 stanze. A proposito di Petrarca e della grande massima spinoziana secondo cui la filosofia è meditare sulla Vita, mentre quello della morte è l'ultimo dei pensieri dell'uomo che cerca la saggezza, si veda: P. Pozzi, *"Spinoza lettore di Petrarca"* in AA.VV. *"Spinoza. Ricerche e prospettive. Per una storia dello spinozismo in Italia. Atti delle Giornate di studio in ricordo di Emilia Giancotti (Urbino, 2-4 ottobre 2002)"* a cura di Bostrenghi D., Santinelli C., edito da Bibliopolis, collana serie studi, Napoli, 2007, p.710, cfr. pp. 85-110. Presentazione del componimento: "in fondo si tratta di una lettera d'amore. Quella che fra le passioni è la più forte che l'animo umano vive, nel pensiero di Spinoza ricorre in molte forme, sia come "passione" che ci domina, sia anche come "azione" con cui noi la dominiamo. C'è poi l'amore "mistico" (*absit iniuria verbis*) che rende l'uomo parte di Dio e della Natura, l'*amor Dei intellectualis* che è un amore del tutto unico in cui il pensiero si intuisce ed è parte dell'amore con cui Dio ama se stesso, per Dio si intende ovviamente lo spinoziano il *Deus sive Natura*. Il componimento è un messaggio di saggezza che attraverso il mare giungerà ad una persona amata che è lontana cui l'autore cerca di raccontare una visione del mondo spinoziana, toccando quei punti dello spinozismo non solo intellettualmente filosofici ma i più vicini all'esistenza umana. Per rasserenare l'animo dell'amata facendo leva sui suoi timori illusori, si offre una saggezza che non è mai un punto d'arrivo, ma una tensione. Nella vita potrà capitare tante volte di essere vinti dalle passioni, anche dall'amore che ridiventa passione, ma non sarà mai un soffrire inutile se si comprende la natura umana come parte della Natura e si intuisce che la vita in fondo è un mistero: non *meditatio mortis*, però, ma *meditatio vitae!* Lo spinozismo compreso nella sua profondità è l'ultimo ideale di sapienza di tutta la filosofia occidentale. Sarà facile per il lettore individuare nel testo i tanti elementi del pensiero filosofico di Spinoza su cui non mi soffermo oltre. *Omnia praeclara tam difficilia quam rara sunt.* (*Eth.* V, prop. XLII, sch.)".

Michele Montemurro (mikizpunk@hotmail.it) è nato a Padova nel 1991 dove attualmente vive e frequenta il Liceo Ginnasio Tito Livio. Scrive poesie a tempo perso ed articoli per il giornalino della scuola, "Agorà". Tanti sogni e tante speranze, ed un grande e profondo affetto verso Spinoza. La ricerca costante e lo studio del Filosofo lo appassionano come solo poche esperienze filosofiche hanno saputo fare, ed essa è entusiasmante a tal punto da fargli comporre questo sonetto tradizionale: endecasillabi in schema ABBA CDDC EFE FEF. In esso ha voluto esporre una veloce summa del pensiero Spinoziano, descrivendo la sua affascinante personalità, eccedendo forse in qualche tratto per ragioni poetiche, ma volendo trasmettere tutto il vigore della sua indagine filosofica. Lo sviluppo vede un recupero del tema tradizionale elogiativo, con l'allocuzione al personaggio in questione ("Tu" v. 5), preso sul modello dell'elogio di Epicuro di Lucrezio. Tuttavia, come questi rifiuta la "religio" tradizionale colma di superstizione e di inesattezze, così Spinoza si fa portavoce di una religiosità nuova che conciliando spirito e materia rischiara con la sua luce la realtà del mondo. Così ha voluto leggere Spinoza come un "Profeta" della libertà del pensiero e da essa reso "Benedetto", in un sottile gioco di assonanze tra il suo nome e il modo in cui viene laicamente santificato. Al v. 2 individua la sua critica del Finalismo, da cui "monda" il cosmo, nel senso di una vera e propria purificazione catartica. Nei vv 3-4 sottolinea il ruolo unificatore della sua filosofia, che vede in Dio l'unificazione della res cogitans con la res extensa. La seconda quartina individua come Spinoza sia riuscito a fare un tutt'uno tra Libertà e Necessità, esamina la sua teoria del cosiddetto "Amor Dei Intellectualis", e del Dio che è Natura come fine dell'indagine filosofica. Al v. 9 esprime la sua condizione di esule, non soltanto per motivi familiari, e meramente territoriali, ma anche in senso intellettuale, nella sua condizione di "sradicato" rispetto alla comunità ebraica in cui era cresciuto, e nella terzina si può vedere anche un' espressione, forse un po' macchinosa, della teoria della Natura Naturans e della Natura Naturata. "Graziosa Tua Novella" è ovviamente la sua filosofia; in conclusione cita la famosa frase di Hegel (trovata anche come citazione di Jacobi, ma forse attribuita a sproposito), "filosofare è spinozare", a sottolineare quanto la grandezza di Spinoza sia importante, come già sottolineato nelle altre strofe, per le generazioni future.

Antonio Audino, giornalista e critico teatrale lavora a RadioTre conducendo svariati programmi di cultura.

ANNOTAZIONI